문화관광부 추천도서

또래문고 – 위인전기

오성과 한음

이 효 성 지음
전 성 보 그림

(주) 교 학 사

이 책을 읽는 여러분

　오성과 한음, 이 두 분의 이름만 들어도 여러분은 가슴이 울렁일 것입니다.
　어릴 때부터 둘도 없는 친구이자 장난꾸러기, 재주꾼이었던 이들은 높은 벼슬 자리에 있으면서도 어릴 때처럼 늘 함께 지냈고 나라에 세운 공도 적지 않았습니다.
　진실된 우정으로 맺어진 두 사람이 있는 곳에는 늘 웃음이 있었고, 재미난 일이 벌어지곤 했습니다.
　여러분은 '친구'라는 말을 잘 쓰고 친구도 많지요?
　이 책을 읽고 난 뒤에 나의 친구를 한번 생각해 보세요.
　세상에서 성공한 사람은 진실한 친구 셋을 사귄 사람이라는 말이 있습니다.
　이 말은 친구가 얼마나 소중한가를 밝히는 말입니다.
　여러분도 오성과 한음 같은 친구 사이가 되도록 친구와 노력하세요.

지은이 이 효 성

아동문학가. 1942년 경기도 용인 출생. 1969년 동아일보 신춘문예 동화 부문에서 〈네 발 달린 우산〉으로 당선, 문단에 오름.
지은 책으로는 〈나팔공주〉〈세종 대왕〉〈이순신〉〈어사 박문수〉〈달과 뱃사공〉〈울엄마〉〈인형 아가씨〉〈열두 대의 꿈마차〉 및 전래동화 등 70여 권 있음.
1986년 한국동화문학상 받음. 한국문인협회 회원.

또래문고 · 위인전기 · 오성과 한음
차례

단짝 친구 — 6
참새의 장례식 — 16
구두쇠 영감네 수박 — 26
암소를 찾아 주다 — 36
이 팔은 누구의 팔입니까? — 44
재치 시합 — 52
뒷간 귀신 — 60
엉터리 특효약 — 68
일어난 시체 — 76
아버지와 아들 — 85
슬기로운 단짝 친구 — 95

단짝 친구

밤이 깊어갑니다.
 서당에서 글을 읽고 있던 아이들이 하나 둘 꾸벅꾸벅 졸기 시작합니다.

 선생님도 담뱃대를 입에 문 채 눈을 감고 있었습니다.

 맨 앞에 앉아 있는 다섯 살 나는 아이만이 목청을 높여 글을 읽고 있습니다.

 '저 아이는 공부를 참 열심히 하는구나.'

 뒤에서 열 살 나는 아이가 하품을 하며 바라보았습니다.

'심심한데, 장난이나 해 볼까…….'

뒤에 있던 아이는 살살 기어가서, 선생님 옆에 있는 화로에 알밤 한 개를 슬쩍 묻었습니다.

선생님도 아이들도 눈치를 채지 못하였습니다.

얼마쯤 지났습니다. 화로에서 별안간, '펑!' 하고, 알밤 터지는 소리가 났습니다.

"아얏!"

선생님은 깜짝 놀라, 물고 있던 담뱃대에 입 안을 찔렸습니다.

졸고 있던 아이들도 눈을 번쩍 떴습니다.

'누가 여기에 밤을 묻었나!'

선생님은 부젓가락으로 화롯불을 헤쳐 보고 나서 아이들에게 눈을 부릅뜨고 물었습니다.

"누가 이런 장난을 했느냐!"

선생님이 재우쳐 물었지만 나서는 아이가 없었습니다. 그러자 맨 앞에서 글을 읽던 아이가 대답하였습니다.

"제가 그랬습니다."

글방 안은 조용했습니다.

아이들은 숨을 죽이고, 선생님과 그 아이를 번갈아 바라보았습니다.

선생님은 그 아이를 노려보며 물었습니다.

"왜 이런 짓을 했느냐?"

"구워서 선생님께 드리려구요."

"뭐? 누가 군밤 먹고 싶다고 했나?"

"그러면 졸음이 달아난답니다."

"내가 언제 졸았느냐?"

선생님은 목소리를 낮추었습니다.

"제가 보니까, 담뱃대를 무시고 이렇게 하시던데요."

그 아이는 꾸벅꾸벅 조는 시늉을 했습니다.

아이들이 여기 저기서 킥킥거렸습니다.

"시끄럽다! 나는 옛 훌륭한 어른들의 글을 외고 있었느니라."

선생님은 헛기침을 하며 대답하였습니다.

그러나 선생님은 속으로 생각하였습니다.

'나이도 어린 녀석이 아주 맹랑하구나.'

군밤을 먹으면 졸음이 달아난다는 것은 그 아이가 꾸며낸 말 같았습니다.

선생님은 빙그레 웃으며 담뱃대를 재떨이에 털고는 그 아이에게 물었습니다.

"군밤을 먹으면 졸음이 달아난다는 그런 거짓말은 누구한테서 들었느냐?"

"저의 아버님한테서 들었습니다."

"뭐? 아버지한테서?"

"그럼 부모가 자식에게 거짓말을 합니까?"

"아, 아니다. 그렇지만, 군밤을 먹으면 졸음이 달 아난다는 말은 들은 적이 없어서…."

선생님은 군밤을 까려고 하였습니다.

글을 읽던 아이가 놀라며 말하였습니다.

"그건 아버님이 오줌에 담그셨던 밤입니다."

"뭐, 오줌에? …그러면 약이 되지."

선생님은, 먹으려던 군밤을 슬그머니 방바닥에 놓았습니다.

글을 읽던 아이는 그 밤을 집어 슬그머니 제 주머니에 넣었습니다.

'저 아이는 열심히 공부만 하는 줄 알았더니 보통 아이가 아니구나.'

알밤을 화롯불에 묻었던 아이는 속으로 감탄했습니다.

공부가 끝났습니다.

화롯불에 알밤을 묻었던 아이는 자기보다도 나이 적은 아이를 따라갔습니다.

앞에 가는 아이는 바로 맨 앞에서 글을 읽던 아이였습니다.

"나 좀 보자."

뒤따라가던 아이가 말했습니다. 앞에 가던 아이는 발걸음을 멈추고 뒤를 돌아다보았습니다.

"졸음병 고치게 군밤 나 줘."

뒤따르던 아이가 말했습니다.

"식어서 약이 안 돼."

앞에 가던 아이는 군밤을 꺼내어 만지작거리며 말했습니다.

"집에 가서 따뜻하게 해서 먹을게."

"오줌 냄새가 지독하게 날 걸."

"그래도 괜찮아."

앞서 가던 아이는 뒤따라온 아이를 쏘아보다가,

다그쳐 물었습니다.

"네가 아까 이 밤을 화로에 묻었지?"

"그래!"

"하하하…."

"그런데 왜 네가 묻었다고 그랬지?"

"선생님이 글을 가르치다가 졸지 못하게 하려고."

"나도 그래. 조는 아이들에게 정신을 차리게 해 주려고 그랬던 거야."

"그러고 보니 우리는 똑같은 생각을 했었구나."

"넌 나보다도 나이가 어리지만, 친구 삼고 싶다. 우리 친구하자."

"그래, 우리는 졸지 말고 열심히 공부하자."

두 아이는 군밤 한 개를 까서 똑같이 나누어 먹었습니다.

나이가 많은 아이가 오성이고, 오성보다 다섯살 아래인 아이가 한음입니다.

이 두 아이는 이렇게 하여 평생 동안 변치 않은 단짝 친구가 되었습니다.

오성의 이름은 이항복이고, 한음의 이름은 이덕형입니다.

이항복은 조선 10대 임금인 명종 11년(1556) 10월에 태어났고, 이덕형도 명종 때인 1561년에 태어났습니다.

이항복은 태어날 때부터 말썽이 많았습니다. 열 달을 채우지 못하고 여덟 달만에 태어나서 제대로 클지 큰 걱정을 했습니다. 그러나 이항복은 아무 탈 없이 영리하게 자랐습니다.

그리고 이들 두 친구는 짓궂고 장난을 잘하여 온갖 재미있는 이야기를 많이 남겼으며, 나라에 끼친 공도 적지 않은 슬기로운 분들이었습니다.

참새의 장례식

오성과 한음이 사귄 지 얼마 안 되어서였습니다.
오성네 집에 한음이 놀러갔습니다.
"어서 와!"
오성은 공부를 하다 말고 한음을 반갑게 맞이했습니다.
"글 읽는 데 방해가 된 것같아 미안하다."
"아니야, 나도 심심해서 어디 잠깐 나가려던 참이었어. 잘 왔어."
오성과 한음이 방안에 앉아 있는데, 추녀 끝에서 참새가 시끄럽게 짹짹거렸습니다.

오성이 방문을 열어보며
말했습니다.
"참새가 왜 저러지?"
"글쎄…?"
한음도 밖을 내다보았습니다.
어미 참새가 주둥이에
벌레를 물고 추녀 속으로
들어갔습니다.
추녀 속에서 또 짹짹거리는
소리가 들려 왔습니다.
"아, 참새가 새끼를
 깠구나."
"우리, 두 마리만
 꺼내 가질까?"
"그래, 그래."
오성은 하인을
불렀습니다.

"왜 그러십니까, 도련님?"

"사다리 좀 가져와."

"사다리는 왜요?"

"글쎄, 가져오라면 가져와!"

"예, 예!"

하인이 광에서 사다리를 꺼내왔습니다.

오성은 사다리를 어미 참새가 들락날락하는 추녀에 기대 세우라고 하였습니다.

"거기에는 왜 올라가려고 그러십니까?"

"참새 좀 꺼내려고…."

"안 됩니다. 그러시다가 다치기라도 하면…."

"저리 비켜!"

"제가 올라가서 꺼내 드릴게요."

"비키라니까!"

오성은 사다리를 올라가서 추녀 속을 들여다보았습니다. 새끼 참새 다섯 마리가 있었습니다.

그 중에서 오성은 두 마리를 꺼내어 가지고 내려왔습니다.

　오성과 한음은 다시 방 안으로 들어갔습니다.
"주둥이가 참 예쁘구나."
"며칠만 있으면 날게 생겼다."
　오성과 한음은 꺼내온 새끼 참새를 손바닥 위에 올려 놓았습니다.
　밖에서는 어미 참새가 요란스럽게 짹짹 짹짹짹 울어댔습니다.

"네 새끼 여기 있다. 아무 걱정 말아. 우리가 맛있는 먹이도 주고 잘 데리고 놀 테니까."

오성은 어미 참새를 바라보며 말했습니다.

새끼 참새는 자지러지게 울어댔습니다.

"먹이 가져올게."

오성은 곧 안으로 들어가서 밥 한 숟갈을 떠왔습니다. 그것을 새끼 참새 앞에 놓아 주었으나, 새끼 참새는 통 먹을 생각을 하지 않았습니다.

"왜 안 먹지?"

오성은 고개를 갸우뚱하였습니다.

"우리들이 보고 있으니까 그런가 봐."

"그럼, 우린 저쪽으로 가서 글이나 읽을까?"

"그러자."

오성과 한음은 새끼 참새들을 놓아 두고 소리내어 글을 읽었습니다.

한참 뒤에 돌아보니, 새끼 참새 한 마리가 보이지 않았습니다.

"어? 새끼 한 마리가 안 보이네."

오성이 다가가 보았습니다.

새끼 참새 한 마리는 문지방 아래에 떨어져 죽어 있었습니다.

방 안에 있는 새끼 참새 한 마리도 다리를 버둥버둥 떨더니 픽 쓰러져 버렸습니다.

"둘 다 죽었구나, 쯧쯧."

"밥알은 한 개도 안 먹었어. 어미를 찾다가 지쳐 죽었나 보다."

"불쌍하다. 괜히 꺼내왔어."

오성과 한음은 참새 새끼 꺼내온 것을 후회했습니다. 그러나 이미 엎질러진 물같아서 도리킬 수는 없었습니다.

오성은 한음에게 말했습니다.

"우리 이 참새, 장사 지내 주자."

"참새를 장사 지내 주었다는 말은 못 들었는데…, 참새에게도 혼이 있을까?"

"글쎄 잘 모르겠어. 아무튼 우리 때문에 새끼 참새가 불쌍하게 죽었으니까, 장사 지내 주는 게 좋겠어."

"그러자."

"가만히 있어. 삼베로 싸서 묻어 주자."

오성은 안으로 들어가, 삼베 헝겊과 실패를 가지고 왔습니다. 그리고 죽은 새끼 참새를 한 마리씩 삼베 헝겊에 싼 뒤 실로 동여맸습니다.

"어디에 묻을까?"

"뒷동산에다 묻자."

"참, 참새의 죽음을 슬퍼하는 축문도 지어야지."

한음이 말하자, 오성은 붓과 벼루와 종이를 가져왔습니다. 그리하여 참새의 죽음을 슬퍼하는 축문을 지었습니다.

오성과 한음은 호미와 죽은 새끼 참새를 들고 뒷동산으로 올라갔습니다.

그리고, 호미로 땅을 파서 새끼 참새를 한 마리

씩 묻어 무덤을 두 개 만들었습니다.

"사람도 아닌 새인 너희들의 죽음을 슬퍼하는 것은 우스운 일이다마는, 우리 때문에 너희가 죽었으니 이를 슬퍼하노라."

축문을 읽은 다음, 오성과 한음은,

"어이 어이…"

하고 곡을 하였습니다.

그때, 오성의 아버지가 저쪽에서 지나가다가 이 광경을 보고 다가왔습니다.

"너희들, 거기서 무얼하고 있느냐?"

오성의 아버지가 물었습니다.

"죽은 새끼 참새들을 장사 지내 주었습니다."

"그래? 그 종이는 무엇이냐?"

오성의 아버지는 축문을 받아 읽어 보고 빙그레 웃었습니다.

"참 잘 지었구나. 이 축문은 누가 지었느냐?"

오성이 흘끔 한음을 보며 말했습니다.

"덕형이 지었습니다."

그러자 한음은, 오성이 지었다고 했습니다.

"아닙니다, 덕형이 지었습니다."

오성과 한음은 서로 자기가 짓지 않았다고 하였습니다.

"축문도 잘 지었지만, 잘한 일을 서로 상대방에게 돌리는 것이 더욱 훌륭하다."

오성의 아버지는 두 아이의 머리를 쓰다듬어 주었습니다.

축문 : 제사를 지낼 때 신에게 알리는 글. 축이라고도 한다.

구두쇠 영감네 수박

어느 해 여름이었습니다.

한음은 처음으로 외갓집에 다니러 갔습니다.

"우리, 오늘 저녁에 수박 서리하러 가자."

놀러온 외가 동네 아이들이 말했습니다.

그러나 한음은 서울에서만 살았으므로, 수박 서리가 무엇인지 잘 몰랐습니다.

"서리가 뭐니?"

한음이 물었습니다.

"밤에 남의 수박이나 참외 같은 것을 몰래 따서 먹는 장난이야."

동만이가 말했습니다.

"그것은 장난이 아니라, 도둑질이잖아."

"조금만 따서 먹으니까, 도둑질이 아니고 장난이야. 시골에서는 그런 장난은 괜찮아."

한음은 조금 꺼림칙했지만, 그날 밤에 아이들과 함께 수박 서리를 하러 갔습니다.

수박밭이 있는 둑 밑에 오자 아이들은 모두 웃통을 벗었습니다.

"너는 여기서 우리 옷이나 지키고 있어."

동만이가 한음에게 말했습니다. 한음은 아이들이 모두 옷을 벗고 벌거숭이가 되는 것이 이상했습니다.

"왜 옷을 다 벗니?"
"그래야 잘 안 보여."

동만이는 대장처럼 아이들을 데리고 둑 위로 올라가 수박밭으로 살금살금 기듯 들어갔습니다.

한참 뒤에 아이들 떠드는 소리가 났습니다.

수박 서리를 해 가지고 돌아오는 것이었습니다.

"자, 한 개 먹어."

동만이가 수박 한 개를 한음에게 주었습니다.

"무슨 수박이 이렇게 작지?"

한음은 어른의 두 주먹을 합친 것만한 수박을 받아 들고 말했습니다.

"구두쇠 영감네 수박이라 그래."

"구두쇠 영감?"

"응, 그 영감은 밭에 거름을 잘 안 주거든. 그러니, 수박이 클 게 뭐야."

"그래도 그렇지. 수박도 농사인데…."

"그래 말이야. 거름을 주는 게 아까운가 봐."

"하하하…."

한음은 웃음이 저절로 나왔습니다.

수박을 쪼개어 먹어 본 한음은, 갑자기 퉤퉤하며 입 안에 든 수박을 뱉았습니다.

"왜 그래?"

동만이가 물었습니다.

"너무 맛이 없어 못 먹겠어."

다른 아이들도 수박을 먹어 보고 발로 짓이겨 버렸습니다.

"이 놈의 수박! 너도 구두쇠 영감을 닮았구나!"

"에이, 이 놈의 수박…."

아이들은, 모처럼 만에 한 수박 서리를 잡쳤다고 투덜거렸습니다.

한음은 집에 와서 곰곰 생각해 보았습니다.

'그 구두쇠 영감, 참으로 멍청이구나. 거름도 안 주고 농사가 잘 되기를 바라다니….'

이튿날, 한음은 구두쇠 영감의 마음을 고쳐 주기로 하고, 날이 어두워지기만 기다렸습니다.

밤이 되었습니다. 한음은 외갓집에 있는 말뚝을 한 아름 안고 구두쇠 영감네 수박밭으로 갔습니다.

'먹지도 못할 수박은 아무 필요가 없다.'

한음은 수박마다 말뚝을 꽉꽉 박아 놓고 집으로 돌아와서 잠자리에 들었습니다.

아침에 눈을 뜨자, 구두쇠 영감의 목소리가 왁자하게 들려왔습니다.

"남의 수박을 망쳐 놓았으니, 어서 물어내시오!"

구두쇠 영감이 동만이 아버지에게 고래고래 소리질렀습니다. 장난이 심한 동만이 짓으로 알았던 것입니다.

"제가 그런 게 아니어요."

동만이가 억울하다고 외쳤습니다.

그 곳으로 달려간 한음은, 구두쇠 영감에게 점잖게 말했습니다.

"왜, 아무 죄도 없는 사람을 보고 그러시오?"
"아이구, 한양 도련님 오셨습니까?"

구두쇠 영감은 한음에게 굽실거렸습니다.

"수박 농사를 잘 지으려거든, 거름이나 좀 주어요. 그래서야 어디 수박 서리할 재미가 나야지."

"아니, 그럼 도련님이 말뚝을…."
"그렇게 해 놓으면, 내년에는 큰 수박이 곱절로 열릴 것이오."
"정말입니까?"
"두고 보시오."

한음은 며칠 뒤에 서울로 올라왔습니다.

수박에 말뚝 박은 이야기를 하자, 오성은 핀잔을 주었습니다.

"너 남의 수박 농사를 망쳐 놓고 내년에 잘 될 거라는 거짓말을 하였구나?"

"내 말이 믿어지지 않거든 내년 여름에 나하고 우리 외갓집에 가 보면 될 것 아니야."

한음은 자신있게 말했습니다.

일 년이 지났습니다.

한음은 오성과 함께 여름에 또 외갓집으로 놀러 갔습니다.

한음이 언덕 위를 가리켰습니다.

"바로 저기가 구두쇠 영감네 수박밭이야."

그때, 호랑이도 제 말하면 나타난다더니, 구두쇠 영감이 헐레벌떡 뛰어왔습니다.

"도련님, 어서 오십시오. 도련님의 말씀대로 올해는 수박이 큰 게 주렁주렁 열렸어요. 어서 가 계십시오. 수박 따 가지고 가겠습니다."

한음은 흐뭇했습니다.

"정말, 수박에 말뚝을 박으면 다음해에 잘 열리는

가 보구나."

오성은 한음을 바라보며 말했습니다.

"그런 게 아니야, 말뚝을 박았으니, 일찌감치 수박 덩굴을 거두어 치웠을 게 아니야? 그러니까, 이듬해에 한 해 묵힌 밭에서 수박 농사가 잘 될 수밖에…."

한음은 빙그레 웃고는 외갓집으로 발길을 돌렸습니다.

서리 : 주로 밤에 떼를 지어 주인 몰래 수박이나 참외, 고구마나 과일 같은 것을 따서 먹는 장난

암소를 찾아 주다

한음이 구두쇠 영감네 수박 농사를 잘 되게 해 주었다는 말이 퍼지자, 외갓집 마을 사람들은 칭찬이 대단하였습니다.

한음은 신동(재주와 슬기가 남달리 뛰어난 아이)으로까지 불렸고, 무슨 일이든지 한음이면 다 해결할 수 있을 것으로 믿었습니다.

며칠이 지나서였습니다.

최 서방이라는 사람이 한음을 찾아왔습니다.

"도련님이 신동이라는 소문을 듣고 이렇게 찾아왔습니다. 부디 저의 억울한 일을 해결해 주시기 바랍니다."

최 서방이 한음에게 말했습니다.

"무슨 일인지는 모르지만, 내가 어떻게 그런 일을…. 억울한 일이 있으면 사또님을 찾아가 말해 보게."

한음은 손을 내저었습니다.

오성이 옆에서 속삭였습니다.

"어떤 일인지 한 번 들어 보기나 하자."

최 서방이 눈치를 채고 말을 이었습니다.

"도련님, 제 이야기를 들어 보시면 충분히 해결하실 수 있을 것입니다."

"그래? 그럼 어디 말해 보게."

한음은 귀를 기울였습니다.

최 서방이 당했다는 억울한 일을 이야기하였습니다. 사흘 전이었습니다.

최 서방의 아내가 하도 급하여 이 대감네 밭에 소변을 보았습니다.

그것을 본 이 대감이 최 서방의 아내에게 호통을 쳤습니다.

"천한 것이 남의 밭에 함부로 소변을 보다니!"

최서방의 아내는 잘못을 빌었습니다.

그 때, 이 대감은 못된 마음을 품었습니다.

'최 서방네 집에 살찐 암소 한 마리가 있겠다? 잘 됐어. 이번 기회에 그것을 빼앗아야지.'

이 대감은 남의 재산을 가로채어 부자가 된 나쁜 사람이었습니다.

더욱이 이 고을 사또와도 친척이 되어, 그 힘을 믿고 나쁜 짓을 함부로 저지르고 있는 터였습니다.

"아무리 생각해 보아도, 네가 한 짓은 용서할 수 없다. 관아로 가자."

이 대감의 말이 떨어지자, 최 서방의 아내는 한 번만 용서해 달라고 애원하였습니다.

"그러면 내가 하라는 대로 하겠느냐?"

"예, 예, 대감님."

이 대감은 옳다구나 하고 엉뚱한 말을 했습니다.

"너희 집에 있는 암소를 주면, 이번 일은 없었던 것으로 해 주겠다."

그리하여 이 대감은 최 서방네 암소를 빼앗아갔다는 것이었습니다.

"이런 못된 양반이 있나!"

한음은 두 주먹을 부르쥐었습니다.

"그러니, 저희 집 암소를 꼭 찾아 주십시오."

최 서방이 눈물을 흘리며 말하자 한음은 고개를 끄덕끄덕했습니다.

"알았네, 집에 돌아가 있게."

한음은 곧 오성과 함께 최 서방네의 암소를 찾아 줄 지혜를 짰습니다. 어느 날이었습니다.

이 대감은, 사람 넷이 붙잡고 태워가는 가마인 사인교에 올라앉아, 대문을 나섰습니다.

오솔길을 지나가려는데, 웬 아이 두 명이 다투고 있었습니다.

"대감님의 행차시다, 썩 비켜라!"

하인이 외쳤습니다. 그러나 두 아이는 계속 서로

다투기만 하였습니다.

이 아이들은 바로 오성과 한음이었습니다.

이 대감은 사인교를 멈추게 하고 싸우는 까닭을 아이들에게 물었습니다.

"보아하니, 너희들은 한양에서 내려온 친구 사이 같은데 왜들 싸우느냐?"

그러자 오성이 나서서 말했습니다.

"대감님, 제가 하도 소변이 급해서 저 밭에 소변

을 보려고 하였습니다. 그랬더니 이 아이가 '이 마을 최서방의 아내는 밭에 소변을 본 죄로 이 대감이라는 분에게 암소를 빼앗겼다는데, 너는 한양에서 아무것도 가지고 오지 않았으면서 왜 남의 밭에 소변을 보려 하느냐'하고 따지지 않겠습니까."

오성은 계속해서 말을 이었습니다.

"밭에 소변을 보면, 거름이 되는 게 아닙니까? 그런데 이 대감이라는 분은 그것을 구실로 남의 재물을 가로챘지 뭡니까. 이 사실을 저는 저의 숙부님인 암행어사에게 고할 것입니다."

이 대감은 얼굴이 하얗게 질렸습니다.

"여봐라, 가마를 최 서방네로 돌려라."

이 대감은 큰일났다싶어 하인들에게 급히 명령했습니다. 사인교는 방향을 바꾸어, 암소를 빼앗긴 최 서방네 집으로 향하였습니다.

한음과 오성도 그 뒤를 따라갔습니다.

마침, 최 서방이 집 앞에 나와 있었습니다.

이 대감이 말했습니다.

"내가 너희 집 암소를 끌어오게 한 것은, 네 아낙의 행동이 좀 지나쳐 그 버릇을 고쳐 주려고 한 것이었다. 이제 정신을 차렸을 것 같으니, 암소를 찾아가거라."

최 서방은 이 대감이 가고 나자, 한음과 오성에게 코가 땅에 닿도록 고맙다고 절을 했습니다.

이 팔은 누구의 팔입니까?

오성의 집 담 안에는 큰 감나무가 있었습니다.

그 감나무는 가지가 거의 담 너머로 휘어져 옆집으로 벋어 있었습니다.

가을이 되었습니다.

'감이 먹음직스럽게 익어가는구나.'

오성은 마루에 앉아 감나무를 쳐다보며 군침을 삼켰습니다.

"도련님, 감이 잡수시고 싶으세요?"

하인이 지나가다가 오성에게 물었습니다.

"그래, 익은 걸로 골라 몇 개만 좀 골라 따 오너라."

그러나 하인은 망설이는 눈치였습니다.

"도련님, 홍시가 아니라서 떫을 텐데요."

"그래서 골라 따 오라 하지 않았으냐."

오성은 다시 하인에게 어서 따 오라고 하였습니다. 그러자 하인은 머뭇머뭇하며 말하였습니다.

"안 됩니다, 도련님!"

"안 되다니? 떫을까 봐 그러냐?"

"아닙니다. 감나무 가지가 어디에 있는지 좀 보십시오."

"그것이 무슨 상관이냐?'

"상관이 있답니다. 옆집의 권철 나리 댁에서는 저 감나무가 그 댁 것이라고 하옵니다."

권철은 임진왜란 때 행주산성 싸움에서 왜군을 물리치고 크게 이긴 권율 장군의 아버지입니다.

공교롭게도 오성네 집은 권철 정승 집과 담을 사이에 두고 살았습니다.

"세상에 그런 법이 어디 있느냐? 나뭇가지가 담을 넘어 자기네 집으로 휘어져 넘어왔다고 하여 저희 것이라니!"

오성은 슬그머니 화가 났습니다.

그러나 가만히 생각해 보니, 옆집 권 정승이 더 벼슬이 높았습니다.

그 힘에 눌려, 하인들도 권 정승 집 하인들에게 꼼짝하지 못하는 것이었습니다.

이 날 저녁때입니다.

서당에서 공부를 일찍 마치고 나온 오성이 한음에게 말했습니다.

"우리 집에 가서 감 좀 먹고 가."

"감? 좋지!"

오성은 한음을 데리고 집으로 왔습니다. 마루에 앉은 한음은 감나무를 쳐다보며 오성에게 빨리 따 오라고 재촉하였습니다.

"한참 기다려야 해."

오성이 말했습니다.

"한참을 기다리다니? 장대로 따면 되잖아?"

"너 저 감나무 가지가 어디로 벋어 있나 봐."

"옆집으로 뻗어있네."
"그럼 저 감나무는 누구네 것이니?"
"그야, 너희 집 것이지."
한음은 오성이 바보 같은 말을 한다고 오성에게 핀잔을 주었습니다.
"그런데, 옆집에서는 가지가 담을 넘어 자기네 집으로 뻗어져 있으니까 그건 자기네 것이래."
"뭐?"
"그러니까, 저 감을 섣불리 건들였다가는 큰 싸움이 일어나지."
오성은 한음에게 기다리라고 해 놓고, 옆집 권정승 집으로 갔습니다.

마침 권 정승이 글을 읽고 있었습니다.

권 정승이 있는 방문 앞으로 간 오성은, 갑자기 팔을 쑥 뻗었습니다.

팔은 창호지를 뚫고 방 안으로 쑥 들어갔습니다.

권 정승이 깜짝 놀라 소리쳤습니다.

"어느 놈이 이따위 무례한 짓을 하느냐!"

오성이 기다렸다는 듯이 말했습니다.

"옆집에 사는 항복이옵니다."

"항복이라면 이 참판의 아들 아니냐? 그런데 왜 이런 버릇 없는 짓을 하느냐?"

권 정승이 말하자 오성은 옳다구나 하고 힘주어 물었습니다.

"대감님, 이 팔이 누구의 팔입니까?"

"네 팔이지, 누구의 팔은?"

"그럼, 저 담 너머로 벋은 감나무는 누구네 감나무이옵니까?"

오성의 말에 권 정승은 그제야 창문을 뚫고 팔을 들이민 까닭을 알았습니다.

"허허, 그야 뿌리가 너희 집 안에 있으니까 너희 것이지."

"그런데 어찌하여 이 댁 하인들은 저희 집에서 감을 못 따게 하옵니까?"

"언제 그런 일이 있었느냐? 그렇다면 우리가 잘못이지. 아무 걱정 말고 돌아가거라."

오성은 그제야 팔을 빼고 집으로 돌아갔습니다.

'저 녀석은 장차 큰 인물이 되겠구나.'

권 정승은 오성을 내다보며 고개를 끄덕거렸습니다.

돌아온 오성을 보고 한음이 말했습니다.

"네가 하는 모양을 사다리를 놓고 올라가 다 보았어."

얼마 뒤 권 정승집 하인들이 감을 따서 가지고 왔습니다. 뒷날, 오성은 권율 장군의 딸과 결혼하여 권율의 사위가 되었습니다.

재치 시합

가을에 오성의 집에서 시루떡을 쪘습니다.

고사를 지내려는 것이었습니다.

오성은 사람을 보내어 한음을 오게 하였습니다.

"나, 일부러 저녁도 안 먹고 왔어. 그러니까 떡을 시루째 내와야 해."

한음은 방 안에 들어서며 말했습니다.

"여러 시루 찌니까, 걱정하지 마."

오성은 한음을 맞아서, 어서 고사 지내기를 기다렸습니다.

고사는 저녁 늦게 끝났습니다.

　오성은 호박을 썰어 넣고 찐 조그만 떡 시루를 하나 달라고 어머니에게 부탁하였습니다.
　하인이 떡 시루를 가져왔습니다.
"보기만 해도 침이 넘어가는구나."
"단 호박을 썰어 넣고 찐 시루떡이야."
　떡 시루에서 김이 모락모락 피어 오르고 있었습니다.
"빨리 먹자."

한음이 말했습니다.

"이렇게 맛있는 떡을 그냥 먹을 수야 있니? 우리, 말 안 하기 시합하고 먹자."

오성이 말했습니다.

"말 안 하기 시합?"

"응, 이렇게 떡 시루를 가운데 놓고, 마주 보고 절대로 말하지 않기야. 말한 사람은 지는 거지."

"그거 참 재미있겠다."

한음도 찬성하였습니다.

"그럼 내가 '시이작' 하면, 그 때부터 말하지 않기다. 알았지?"

"그래!"

"시이작!"

오성과 한음이 입을 꽉 다물었습니다.

떡 시루에서는 김이 차차 줄어들었습니다.

모락모락 피어 오르던 김이 이제는 보일락말락 사라져갔습니다.

'시루떡은 뜨거울 때 먹어야 맛있는데.'

한음은 한숨이 저절로 나왔습니다.

'한음은 저녁도 굶고 와서 큰 고생을 하는구나. 제가 나한테 안 지고 배기나 어디 두고 보자.'

오성은 속으로 웃었습니다.

한음은 오성의 표정을 살펴보고, 지금 오성이 골탕을 먹고 있는 것이라고 느꼈습니다.

그래도 한음은 이를 악물고 참았습니다. 지기 싫었던 것입니다.

이제 떡 시루에서는 김이 나지 않았습니다.

오성과 한음은 지지 않으려고 입도 다시지 않았고, 마주 보며 눈썹 하나 까딱하지 않았습니다.

한음이 벌떡 일어났습니다.

오성은 하마터면 한음에게 '가려고?' 하고 물을 뻔하였습니다.

한음은 문을 열고 밖으로 나갔습니다.

'내가 너무 심한 장난을 하였나? 화가 나서 집으로 가면 어떡하지.'

오성은 몸이 달았으나, 자칫 잘못하여 말을 하게 되면 지게 되므로 가만히 앉아 있을 수밖에 없었습니다. 한참이 지났습니다.

시루를 만져 보니 아직 따뜻했습니다.

문이 열리고 한음이 들어왔습니다.

'한음이 나에게 말을 하게 하려고 꾀를 부리는 게 틀림없어.'

오성은 더 입을 꼭 다물었습니다. 한음도 입을 다문 채 떡 시루를 사이에 두고 오성과 다시 마주

앉았습니다.

시간은 자꾸만 흘러갔습니다.

첫닭이 울었습니다. 그래도 둘은 입을 꼭 다물고 앉아 있습니다.

얼마 뒤에 방문이 스르르 열렸습니다.

오성은 하마터면 악 소리를 지를 뻔하였습니다.

검은 보자기로 얼굴을 가린 사람이 쑥 들어온 것입니다.

'도둑이구나!'

그래도 오성은 한음에게 지기 싫어서 입을 열지 않았습니다.

눈만 빠끔히 드러낸 그 사람은 방 안을 두리번거리더니, 가지고 온 보따리에 책과 벼루 등을 집어넣었습니다.

오성은 가만히 있을 수가 없었습니다.

"한음아, 너는 친구가 공부하는 책을 도둑맞아도

좋단 말이냐!"

마침내 오성이 말을 하였습니다.

"으하하하…."

한음은 한바탕 크게 웃었습니다.

"내가 도둑에게 가져가지 말라고 할 게."

"뭐?"

"저 도둑은 내 말을 잘 듣거든. 자, 이제 내가 이겼으니까 그 보자기 풀어."

한음이 말하자, 불쑥 나타났던 사람은 보자기를 풀었습니다.

그 아이는 서당에 같이 다니는 오성이나 한음보다 나이 많은 큰 아이였습니다.

"내가 속았군, 에이…!"

오성은 머리를 긁적거렸습니다.

세 아이는 날이 새는 줄도 모르고 시루떡을 먹으며 놀았습니다.

뒷간 귀신

 오성과 한음은 어릴 적에 잠자는 시간만 빼고는 늘 함께 지내다시피하였습니다.
 그러면서 열심히 공부하고 놀았습니다.
 한음의 나이가 어느덧 열다섯 살이 되었습니다.
 그 해 한음은 장가를 갔습니다.

이에 뒤질세라, 오성도 넉 달이 지난 뒤 장가를 갔습니다.

오성과 한음은 장가를 가서도, 그전처럼 변함없이 자주 만났습니다.

어느 날, 오성이 한음에게 말했습니다.

"우리도 이제 과거 볼 때가 되었어. 그러니, 어디 조용한 데 가서 함께 공부하는 게 어떨까?"

"그래, 그게 좋겠어. 조용한 데라면 절이 좋겠지."

"난 자네 아내가 못 가게 붙잡을까 봐 걱정이야."

"자네나 아내한테 붙잡히지 말게나."

오성과 한음은 서로 바라보며 피익 웃었습니다.

오성과 한음은 곧 어른들에게 절에 가서 공부해도 좋다는 허락을 받았습니다.

그리하여 둘은 봇짐을 싸가지고 '화장사'라는 절로 들어갔습니다.

오성과 한음은 화장사에 가서도 재치있는 장난을 잘하였습니다.

그래서 절 안에서도 오성과 한음은 신동으로 불리었습니다.

 오늘도 오성과 한음은 공부를 끝내고, 이런 이야기 저런 이야기를 하다가 오성이 물었습니다.
 "한음아, 이 절의 뒷간은 아주 외딴 곳에 떨어져 있는 것밖에 없지?"
 "응, 절 뒷간이야 다 그렇지. 그런데 몹시 급한 모양이구나?"
 한음이 재미있다는 듯이 대꾸하였습니다.

오성은 방문을 열어 보았습니다.

밖은 캄캄했습니다.

"이 절의 뒷간에는 밤중에 귀신이 나온대."

한음이 슬쩍 한 마디 했습니다.

"그래?"

"내가 같이 가 줄까?"

"그만둬!"

오성은 한음에게 겁쟁이라고 놀림을 당할까 봐 혼자 뒷간으로 갔습니다.

여름철이므로 주위는 숲이 우거져 있었습니다.

숲 사이로 난 좁은 길을 따라간 오성은, 비탈진 곳에 있는 뒷간으로 들어섰습니다.

'어쩌 무서운 생각이 드는데….'

오성은 조심하여 볼일을 보고 바지를 올려 허리띠를 매려는 때였습니다.

무엇이 오성의 상투를 슬그머니 잡았습니다.

"누, 누구요!"

오성은 깜짝 놀라 소리를 질렀습니다.

"뒷간 귀신이다!"

"이놈의 귀신, 상투 놓지 않으면 박살 내겠다!"

오성이 호통을 치자, 뒷간 귀신이라는 것은 슬그머니 상투를 놓았습니다. 오성은 헛기침을 하며 뒷간을 나왔습니다.

등 뒤에서 이런 말이 들려왔습니다.

"과연 대감 감이로다!"

오성은 고개를 갸우뚱하였습니다.

'한음이 나를 앞질러 와서 장난을 했을까?'

그러나 급히 가 보니, 한음은 드러누워 있었습니다. 오성은 시치미 떼고 한음에게 말했습니다.

"하하하, 뒷간에 가니까 참 재미있더라."

"무슨 일인데?"

한음은 벌떡 일어나서 오성을 바라보았습니다.

"아주 재미있는 일이야. 궁금하거든 자네도 가 보게나."

"내가 속아넘어갈 줄 알고?"

한음은 코방귀를 뀌었습니다.

"하하하, 생각하면 생각할수록 웃음이 나온다."

오성은 돌아앉아서 천장을 쳐다보며 웃었습니다. 한음은 궁금하여 견딜 수가 없었습니다.

"속는 셈 치고 나도 한 번 갔다 와야지."

한음은 뒷간으로 갔습니다. 뒷간에 가니까 뒤가 마려웠습니다.

'쳇, 오성이 뒤를 보니까 나도 덩달아….'

한음이 뒤를 보고 일어나서 바지 허리춤을 추슬러 여미었습니다.

그 때였습니다. 무엇이 슬그머니 한음의 상투를 잡았습니다.

"어느 놈이 무례하게 양반의 상투를 잡는고! 빨리 놓지 않으면 이 뒷간에 불을 지르겠다!"

한음이 호통치자 그 무엇이 슬그머니 상투를 놓고 말했습니다.

"과연 그대는 큰 대감 감이로다!"

한음은 헛기침을 하며 돌아왔습니다.

방 안에 있던 오성이 싱글벙글하며 물었습니다.

"뒷간 귀신 만나 보았나?"

"응, 아무래도 누가 우리 담력을 시험해 보려고 한 짓 같아."

문 밖에서 화성사 주지 스님의 말소리가 들려 왔습니다.

"뒷간 귀신도 만나 보셨으니, 이젠 불 끄고 주무시지요."

　오성과 한음은 뒷간에서 상투를 잡은 사람이 누구라는 것을 알았습니다.
　오성이 밖에 대고 말했습니다.
　"스님, 양반의 상투도 잡아보셨으니 이젠 법당에 가셔서 불공을 드리시지요."
　주지 스님의 웃음소리가 '허허허'하고 멀어져 갔습니다.

엉터리 특효약

  오성과 한음은 열심히 공부하여, 1580년에 똑같이 과거를 보아 합격하였습니다.
  그리고 둘이 다 승지가 되었습니다.
  '승지'란 지금의 대통령 비서와 같은 벼슬 자리입니다.

이 때, 오성은 한음의 부인이 볼거리라는 병을 앓고 있다는 말을 들었습니다.

"곧 나을 테지. 너무 걱정하지 말게."

오성은 한음을 위로하였습니다.

그러나 한음은 오성 못지 않게 부인을 아끼는 터이므로, 집에 일찍 들어가곤 하였습니다.

한음은 얼굴이 밝지 못하였습니다.

"오늘도 부인 때문에 집에 일찍 들어갈 텐가?"

오성이 물었습니다.

"에끼, 이 사람. 내 아내가 뭐 죽을 병이라도 들었을 줄 아나?"

"나는 오늘 집에 좀 일찍 들어가겠네."

"자네 부인도 어디 편찮으신가?"

"아니야, 장인 어른께서 오신다고 해서…."

대궐을 나온 오성은 한음의 집으로 발길을 돌렸습니다. 한음의 집은 소의문(지금의 서소문) 밖에 있었습니다.

"이리 오너라!"

오성이 외치자 하인이 달려 나왔습니다.
"저희 대감님은 아직 오시지 않았습니다."
"너희 대감님은 오늘 일이 많아서 못 나오신다. 아씨께서 볼거리를 앓으시지?"
"예."
"그럼 아씨께 전하여 드려라. 볼거리에 잘 듣는 특효약을 가르쳐 드릴 테니 직접 뵙자고 한다고."

"예."

하인은 안으로 들어갔다가 나왔습니다.

"사랑방에 들어가 계시랍니다."

"알았다."

오성은 사랑방으로 들어가서 한음의 부인이 오기를 기다렸습니다. 이윽고 하인이 들어와서 사랑방 한가운데에 병풍을 쳤습니다.

옛날에는 여자와 남자가 한 자리에 앉아 마주보지 못하도록 되어 있어서, 이런 방법을 쓰는 것이었습니다.

한음의 부인이 사랑방으로 들어와서 병풍 저쪽에 앉았습니다.

"부인이십니까?"

오성이 물었습니다.

"예."

"대감께서는 오늘 못 들어오십니다. 그래서 제가 볼거리에 잘 듣는 특효약을 가르쳐 드리려고 이렇게 찾아왔습니다."

"예."

"그 약을 만드는 방법은 특별하여 알고 있는 사람이 드뭅니다. 다름 아니라, 볼거리의 특효약은 자기 남편이 신던 미투리 한 짝을 삶아서 그 물로 부은 볼을 씻고, 미투리를 볼에 대고 싸매면 감쪽같이 낫는다고 합니다. 그럼 저는 이만 가보겠습니다."

오성이 돌아간 뒤, 한음의 부인은 조금 꺼림칙하였으나, 그 방법을 한 번 써 보기로 하였습니다.

한음의 부인은 자기 방으로 가서 몸종에게 말하였습니다.

"대감께서 신던 미투리 한 짝을 찾아오너라."

"그건 무엇에 쓰려고요?"

"약에 쓰려고 그런다."

"어머, 그런 것을 다 약에 써요?"

"특효약이란 우리가 생각지 못한 데서 얻는 거야. 다른 사람에게는 아무 말 하지 말고, 어서!"

"예."

몸종은 미투리 한 짝을 찾아가지고 왔습니다.

"그것을 푹 삶아라."

"예, 아유, …냄새…."

몸종은 코를 막고 미투리를 삶아서 한음의 부인에게 갖다 주었습니다.

냄새가 지독했습니다.

그래도 한음의 부인은 볼거리의 특효약이라는

바람에, 그 물로 부은 볼을 닦았습니다.

그리고 오성이 가르쳐 준 대로 미투리를 볼에 대고 수건으로 싸맸습니다.

몸종은 혼자 쿡쿡 웃었습니다.

미투리 앞과 끝이 삐죽이 보여, 그것을 싸맨 모습이 우습기 짝이 없었습니다.

한음은 집에서 그런 일이 일어난 줄도 모르고, 느지막하게 집으로 돌아왔습니다.

"아니…."

부인은 한음을 보고 이상스럽게 생각했습니다.

오늘은 대궐에서 못 나온다는 말을 전해 들었기 때문입니다.

"아니…."

한음은 한음대로 이상스럽게 생각했습니다.

자기가 신던 미투리 한 짝을 부인이 볼에 싸매고 있기 때문이었습니다.

"도대체 이게 어찌된 거요?"

"오성 나리께서 다녀가셨습니다."

부인은 미투리 한 짝을 싸맨 까닭을 모두 이야기했습니다.

"오성에게 감쪽같이 속았구려. 하하하…."

"뭐라구요. 호호호…."

부인도 미투리를 풀어 팽개치고 웃었습니다.

볼거리 : 열로 볼 아래에 생기는 종기
미투리 : 삼을 써서 만든 옛날의 신발. 짚을 써서 만든 것은 짚신이다.

일어난 시체

어느 해 여름이었습니다.

무서운 전염병이 돌아서 많은 사람들이 목숨을 잃었습니다.

특히 한음이 살고 있는 동네는 더 심했습니다.

하루는 대궐에서 돌아온 한음이 얼굴을 찌푸렸습니다.

"어디서 이렇게 고약한 냄새가 나오?"

"이웃집의 온 식구가 전염병에 걸려 떼죽음을 한 지 며칠 되었잖아요."

부인이 말하였습니다.

"아니, 그럼, 이게 그 시체 썩는 냄새요?"

"예."

"시체를 치우지 않고…."

"온 식구가 모두 죽었으니, 누가 시체를 치우겠어요? 친척들도 어디에 사는지 몰라 연락해 줄 수도 없대요. 그리고 병이 옮을까 봐 아무도 그 집에는 얼씬도 하지 않는대요."

"저대로 놓아둘 수도 없고, 큰일인데…."

한음은 이웃집의 시체를 치울 궁리를 하였으나, 좋은 생각이 떠오르지 않았습니다.

품삯을 많이 준다 해도 아무도 나설 것 같지도 않았습니다.

'그렇다고 하인들에게 시킬 수도 없는 일이고…. 내가 치우는 수밖에 없겠어.'

 한음은 시체를 쌀 삼베를 마련하고 다음 날 저녁에 시체를 치우기로 하였습니다.
 이튿날, 한음은 대궐에 들어가서 오성에게 말하였습니다.
 "우리 이웃집의 온 가족이 병에 걸려 모두 죽었는데, 시체를 치울 사람이 없네. 그러니, 자네 나하고 함께 시체를 치워 주지 않겠나?"

"아이구, 난 그런 일은 못하네!"

오성은 첫마디에 거절하였습니다.

"왜?"

"난 시체만 보면 기절할 것 같네."

"오성이 그처럼 겁쟁이인 줄은 나는 미처 몰랐네. 그만두게."

"그럼 자네 혼자서 시체를 치우겠나?"

"할 수 없지. 나 혼자서라도 할 수밖에…."

"자네 그러다가 병이라도 옮으면 어쩌려고?"

"목숨은 하늘에 달린 거네."

"시체를 쌀 삼베는 마련했는가?"

"아아니."

"그러면, 내가 나서지 못하는 대신에 삼베는 내가 보내 주겠네."

"고맙네."

한음은 그 날, 일찌감치 대궐에서 집으로 돌아왔습니다.

"오늘은 웬일로 이렇게 일찍 오셨습니까?"

부인이 물었습니다.
"이웃집의 시체를 치우려구요."
"아니, 대감 혼자 서요?"
부인이 말렸지만, 한음의 고집은 꺾지 못하였습니다.

얼마 뒤에, 오성이 보낸 하인이 삼베 다섯 필을 가지고 왔습니다.

"저의 나리께서는 이따 오시겠답니다."

하인의 말을 듣고 한음은 중얼거렸습니다.

"그러면 그렇지! 오성이 내가 하는 일을 모른 체 할 사람이 아니지."

부인도 조금 전과는 달리, 얼굴이 밝아졌습니다.

한음은 사랑방으로 들어가서 오성이 오기만을 기다렸습니다.

'이 사람이 왜 안 오지?'

날이 어두워도 오성이 나타나지 않았습니다.

'에이, 나 혼자 하자!'

오성을 기다리다 못한 한음은, 안으로 들어가서 술을 한 대접 달라고 하여 들이켰습니다.

"오성 나리는 안 오실 모양이지요?"

부인이 관솔불을 켜 주며 물었습니다.

"올 사람 같으면 벌써 왔지."

한음은 삼베를 한쪽 팔에 끼고, 관솔불을 든 채 이웃집으로 갔습니다.

시체 썩는 냄새가 코를 찔렀습니다.

"어흠!"

한음은 삼베를 마루에 놓고, 큰기침을 하며 방문을 열었습니다. 순간 소름이 오싹 끼쳤습니다.

방안에는 시체가 널브러져 있었습니다.

한음은 관솔불을 장롱 사이에 끼워 놓고, 삼베를 들여와서 가위로 잘라가며 시체를 묶기 시작했습니다.

'오성은 끝내 오지 않는군.'

시체 하나를 묶은 한음은 다음 시체를 만지다가 으악 소리를 지를 뻔하였습니다.

시체가 벌떡 일어난 것입니다.

한음은 정신을 바싹 차리고 왼발을 세 번 구르며,

"썩 드러눕지 못할까!"

하고 호통을 친 뒤에, 시체의 왼쪽 뺨을 후려갈겼

습니다.

 그렇게 하면, 벌떡 일어난 시체가 도로 드러눕는다는 말을 들었기 때문입니다.

 그러나 시체는 드러눕기는커녕 별안간 한음의 목덜미를 꽉 잡는 게 아닙니까!

 "허어, 고얀 것 같으니라구! 어서 썩 눕지 못해?"

 한음은 조금도 놀라지 않고 또 한 번 시체에게 호통을 쳤습니다.

"으하하하…."

시체가 웃음을 터뜨렸습니다.

"오성이었군!"

벌떡 일어난 시체는 바로 오성이었습니다.

"겁쟁이인 줄 알았더니, 자네는 나보다 더 담력이 세군. 미리 와서 시체 사이에 드러누워 있었으니 말일세."

한음은 감탄하였습니다.

두 사람은 팔뚝을 걷어붙이고, 아무도 나서지 않는 동네의 궂은 일을 해냈습니다.

아버지와 아들

  오성과 한음은 나이를 많이 먹고 벼슬이 높이 올랐어도, 여전히 농담을 잘하였습니다.
  선조 임금이 나라를 다스릴 때 이야기입니다.
  오성과 한음은 대궐에서 만나면, 서로 자기가 상대방의 아버지라고 하였습니다.

"밤 사이에 며늘아기 감기 안 들었느냐?"

오성이 물으면, 한음은 눈을 흘기며 대꾸하였습니다.

"예끼, 이 사람! 아비한테 무슨 말버릇이 그래?"

두 사람은 서로 상대방의 아버지라며 농담을 하였습니다.

어느 날, 선조 임금이 오성과 한음이 있는 자리에서 물었습니다.

"두 분은 만나기만 하면 서로 아비라고 우기는데, 누가 아비이고 누가 아들이오?"

"제가 오성의 아비입니다."

한음이 말하였습니다.

"아닙니다. 제가 한음의 아비입니다."

오성도 지지 않고 맞섰습니다.

"서로들 상대방의 아비라고 우기니, 오늘은 내가 아비와 아들을 가려 주겠소."

선조 임금은 두 사람을 돌아앉게 한 뒤, 종이 두 장에 각각 아비 부(父)자와 아들 자(子)자를 썼습

니다.

"자, 이젠 바로 앉으시오."

접은 종이를 선조 임금은, 오성과 한음에게 한 장씩 집으라고 하였습니다.

한 장씩 집고 나자 선조 임금이 물었습니다.

"한음은 무슨 자를 집었소?"

"'아비 부 자'입니다."

한음이 기쁜 목소리로 말했습니다.
"그러면, 오성은 '아들 자' 자를 집었겠구료?"
선조 임금이 말하자, 오성은 싱글벙글하며, 대답하였습니다.
"예, 그러하옵니다."
이제 누가 아비이고 누가 아들인 것이 가려졌습니다. 그런데, '아들 자' 자를 집은 오성은 여전히 싱글벙글하였습니다.
선조 임금이 물었습니다.
"오성은 아들 자 자를 집고 무엇이 그렇게 좋아서

싱글벙글하오?"

오성은 선조 임금에게 쪽지를 두 손으로 들어 보이며 말하였습니다.

"이렇게 늘그막에 아들을 하나 얻었으니, 얼마나 기쁜 일이겠습니까?"

선조 임금은 손바닥으로 무릎을 탁 치고 껄껄 웃었습니다. 그리고 나서 오성과 한음을 바라보며 말했습니다.

"할 수 없소. 두 분이 다 아비 노릇을 하시오."

이윽고 한음이 말했습니다.

"그럼, 오성의 아비 한음은 물러가겠나이다."

"허허, 그러시오."

이번에는 오성이 말했습니다.

"늘그막에 얻은 제 아들 한음은 낳자마자 저렇게 걷습니다."

"하하하…."

선조 임금은 오성과 한음이 돌아간 뒤에도 혼자 웃었습니다.

1592년(임진년), 왜군이 우리나라를 쳐들어왔습니다. 이것이 임진왜란이며, 아무런 방비도 없는 우리나라를 쳐들어 온 왜군은 순식간에 서울에까지 밀고 올라왔습니다.

선조 임금을 비롯하여 여러 대신들은 왜군을 피하여 서울을 떠나야만 하였습니다.

그 때는 마침 음력 그믐이어서 달도 없는 깜깜한 밤이었고, 비까지 쏟아져서 피난을 떠나는 임금은 말할 것도 없고 여러 대신들의 마음을 더욱 아프게 했습니다.

〈이덕형의 초상〉

〈이항복의 초상〉

이항복은 이 때 도승지(임금의 비서실장)로 있었습니다.

이항복은 손수 등불을 켜서 들고 임금님을 모시고 피난길에 올랐습니다.

그리하여 임금님을 의주까지 무사히 모시고 갔으며, 곧 남쪽 지방에 사람을 보내어 의병을 일으키게 하였습니다.

1602년, 이항복은 '오성 부원군'에 봉하여졌습

니다. 이 무렵 조정은 당파 싸움이 심하였습니다.

오성 이항복은 그들의 모함을 받아 북청으로 귀양을 갔습니다.

이항복은 북청으로 갈 때 임금을 그리워하는 시조를 지었습니다.

철령 높은 재에 쉬어 넘는 저 구름아
외로운 신하의 마음을 비삼아 띄워다가
임 계신 구중궁궐에 뿌려본들 어떠리

오성은 귀양간 지 다섯 달 만인 1618년에 63살로 세상을 떠났습니다.

한편, 한음 이덕형도 임진왜란 때 큰 공을 세웠습니다.

이덕형도 임진왜란이 일어나자, 선조 임금을 모시고 피난을 갔습니다.

피난 도중에 이덕형은 명나라에 가서 군사를 보내오게 하여 왜군을 물리치는 데 크게 공헌하였습니다.

이 때, 명나라서는 이여송 장군이 군사를 거느리고 왔습니다.

이덕형은 전쟁을 치르는 동안에, 명나라에서 온 사람들을 보살피는 일을 훌륭히 해냈습니다.

1602년, 이덕형은 영의정에 올랐으나, 당파 싸움 때문에 벼슬에서 물러나, 시골서 지내다가 1613년 53살로 세상을 떠났습니다.

오성과 한음, 이들 두 분의 우정은 재미있는 일화와 함께 오늘날까지 우리의 입에서 떠나지 않고 있습니다.

슬기로운 단짝 친구

　오늘날 자녀 교육에서 '친구' 관계의 지도가 매우 중요하게 다루어지고 있습니다. 특히 사춘기의 소년소녀들의 친구 관계는, 그 아이의 장래를 좌우하기도 합니다.
　이처럼 중요한 친구 관계를 사춘기에 바로잡으려고 한다면 매우 힘드므로 어릴 때부터 좋은 친구를 사귀도록 지도해야 합니다.
　좋은 친구는 첫째, 마음이 맞아야 할 것입니다. 그러자면 서로 통하는 진실을 발견해야 합니다.
　둘째, 이해를 따지지 말아야 할 것입니다. 자기의 이익만 따진다면 상대방은 곧 돌아서고 말 것입니다.
　셋째, 상대방이 어려움에 처해 있으면 발벗고 나서서 도와 주어야 할 것입니다.
　이 밖에도 좋은 친구의 조건이 많이 있습니다. 그러나 대체로 앞의 세 가지 정도만이라도 지켜진다면 좋은 친구 관계는 성공적으로 이루어졌다고 볼 수 있습니다.
　'오성과 한음'의 이야기는, 어려움 속에서도 지혜와 웃음을 잃지 않으려는 본보기가 될 것이요, 특히 우정을 강조한 선조들의 슬기로움에 우리의 눈을 크게 뜨게 할 것입니다.
　'오성과 한음'이 남긴 이야기는 많습니다. 그것은 전래동화처럼 입에서 입으로 전해 내려오는 동안, 줄거리가 조금씩 변한 것도 있습니다. 그러나 그 내용은 대체로 같습니다.
　'오성과 한음'을 단순히 재밋거리로 어린이에게 읽히지 말고, 좋은 친구를 사귀는 지침이 되었으면 하는 마음 간절합니다.
　또 임진왜란이나 당파 싸움 같은 어려운 고비에서 보인 이 분들의 지혜와 용기·인내 등에서 우리는 본받을 바 클 것이라 믿습니다.

문화관광부 추천도서

또래문고 / 위인전기

오성과 한음

2010년 5월 1일 초판 21쇄 인쇄
2010년 5월 5일 초판 21쇄 발행

지은이/이효성
그린이/전성보
펴낸이/양철우

펴낸곳/(주)교학사
주소/서울특별시 마포구 공덕동 105-67
전화/영업 (02)7075-155 팩스/(02)7075-330
편집 (02)7075-328
등록/1962. 6. 26. 제 18-7

지은이와의 협의로 인지는 붙이지 않습니다.
잘못된 책은 바꾸어 드립니다.

ISBN 978-89-09-05945-9